BEI GRIN MACHT SICH IHR WISSEN BEZAHLT

- Wir veröffentlichen Ihre Hausarbeit,
  Bachelor- und Masterarbeit

- Ihr eigenes eBook und Buch -
  weltweit in allen wichtigen Shops

- Verdienen Sie an jedem Verkauf

Jetzt bei www.GRIN.com hochladen und kostenlos publizieren

Bibliografische Information der Deutschen Nationalbibliothek:

Die Deutsche Bibliothek verzeichnet diese Publikation in der Deutschen National-
bibliografie; detaillierte bibliografische Daten sind im Internet über http://dnb.d-
nb.de/ abrufbar.

Dieses Werk sowie alle darin enthaltenen einzelnen Beiträge und Abbildungen
sind urheberrechtlich geschützt. Jede Verwertung, die nicht ausdrücklich vom
Urheberrechtsschutz zugelassen ist, bedarf der vorherigen Zustimmung des Verla-
ges. Das gilt insbesondere für Vervielfältigungen, Bearbeitungen, Übersetzungen,
Mikroverfilmungen, Auswertungen durch Datenbanken und für die Einspeicherung
und Verarbeitung in elektronische Systeme. Alle Rechte, auch die des auszugsweisen
Nachdrucks, der fotomechanischen Wiedergabe (einschließlich Mikrokopie) sowie
der Auswertung durch Datenbanken oder ähnliche Einrichtungen, vorbehalten.

Impressum:

Copyright © 2017 GRIN Verlag
Druck und Bindung: Books on Demand GmbH, Norderstedt Germany
ISBN: 9783346150608

Dieses Buch bei GRIN:

https://www.grin.com/document/541144

Riccarda Jung

Der persönlichkeitspsychologische Ansatz von Eysenck und die Konzepte der Intelligenz und der Selbstwirksamkeit in Bezug auf Personalarbeit und das Erstellen von Bachelorarbeiten

GRIN Verlag

GRIN - Your knowledge has value

Der GRIN Verlag publiziert seit 1998 wissenschaftliche Arbeiten von Studenten, Hochschullehrern und anderen Akademikern als eBook und gedrucktes Buch. Die Verlagswebsite www.grin.com ist die ideale Plattform zur Veröffentlichung von Hausarbeiten, Abschlussarbeiten, wissenschaftlichen Aufsätzen, Dissertationen und Fachbüchern.

Besuchen Sie uns im Internet:

http://www.grin.com/

http://www.facebook.com/grincom

http://www.twitter.com/grin_com

Einsendeaufgabe

Persönlichkeitspsychologischer Ansatz von Eysenck, Intelligenz und Selbstwirksamkeit in Bezug auf Personalarbeit, Bachelor-Thesis, Personalauswahl und -Weiterbildung

Per Einschreiben am 6. Januar 2017 abgegeben.

SRH Fernhochschule

Modul:	Persönlichkeitspsychologie
Studiengang:	Wirtschaftspsychologie
Semester:	1. Semester

von

Riccarda Jung

Inhaltsverzeichnis

Abbildungsverzeichnis

1. Textteil zu Aufgabe B1 - Persönlichkeitspsychologischer Ansatz von Eysenck

Hans Jürgen Eysenck (Psychologe und Forscher) geht davon aus, dass sich alle Persönlichkeitseigenschaften in drei Persönlichkeitstypen oder Dimensionen einteilen lassen und entwickelte eine hierarchische Typologie der Persönlichkeit. In einem Individuum gemeinsam auftretende spezifische Verhaltensweisen, lassen sich zu habituellen Verhaltensweisen oder Gewohnheiten zusammenfassen und die Gruppen von habituellen Verhaltensweisen wiederum bilden Persönlichkeitstypen. Eysenck argumentiert aufgrund von Faktoranalysen, dass Persönlichkeitseigenschaften in hohem Maße korrelieren und zusammen einen Persönlichkeitstyp bilden. Eysenck führt ein aufwendiges Forschungsprogramm aus, welches letztendlich zeigt, dass diese Persönlichkeitstypen in 24 Ländern in Afrika, Asien, Nordamerika und Europa bei Männern und Frauen festzustellen sind. Er ist der Meinung, dass die individuellen Gene eine starke Tendenz zur Persönlichkeitsentwicklung in eine bestimmte Richtung ausmachen, dass jedoch eine gewisse Modifikation möglich ist und dass Umwelteinflüsse zur Entwicklung beitragen[1].

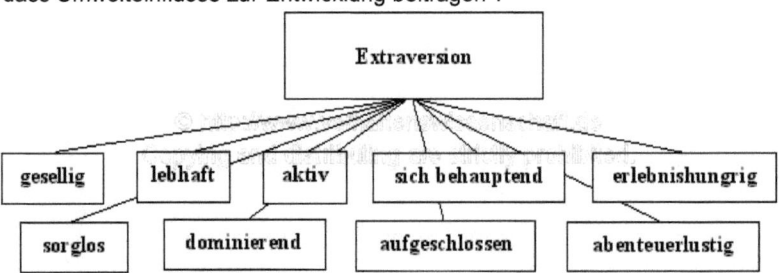

Abbildung 1 – Persönlichkeitseigenschaften Extraversion, Quelle[2]:
http://www.verhaltenswissenschaft.de/Psychologie/Personlichkeit/Gesamtsysteme/gesamtsysteme.htm

Extraversion ist der erste Typ und ein Maß der Geselligkeit, welches zwei Pole besitzt. Am einen Ende des Kontinuums steht Extraversion und am anderen Intraversion[3]. Extravertierte sind gesellige, impulsive Menschen, die aufregende Beschäftigungen wie Partys[4] und Abwechslungen in Beziehungen, im[5]

[1] Vgl. Maltby/Day/Macaskill 2011, S. 3120, S. 311, S. 312, S. 314, S. 317
[2] Vgl. © 2004-2011 Dr. Oliver Walter, Diplom-Psychologe, Kiel o. J.
[3] Vgl. Maltby/Day/Macaskill 2011, S. 312, S. 316
[4] Vgl. Pervin/Cervone/John 2005, Bd. 8035, S. 232
[5] Vgl. Maltby/Day/Macaskill 2011, S. 312, S. 316

Sexualleben und im Beruf bevorzugen, laut Musik hören, hellere Farben mögen und eine höhere Wahrscheinlichkeit zu rauchen und Alkohol zu trinken aufzeigen. Die Persönlichkeitseigenschaften hierfür sind in Abbildung 1 aufgezeigt. Introvertierte jedoch sind das Gegenteil, nämlich ruhige, selbstbeobachtende Personen,[6] die zurückhaltend und überlegt sind und ein wohlgeordnetes Leben schätzen [7].

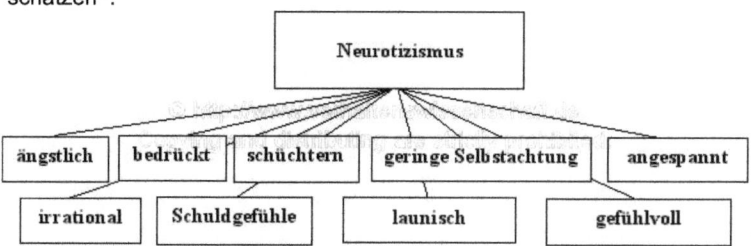

Abbildung 2 - Persönlichkeitseigenschaften Neurotizismus, Quelle[8]:
http://www.verhaltenswissenschaft.de/Psychologie/Personlichkeit/Gesamtsysteme/gesamtsysteme.htm

Neurotizismus ist der zweite Persönlichkeitstyp und auch diese Dimension weißt an beiden Polen eine Extremausprägung (normabweichende Ausprägung) auf. Der Neurotiker ist emotional instabil, wobei manche Menschen mit stark ausgeprägtem Neurotizismus eine unbegründete Furcht (Phobie) vor bestimmten Gegenständen, Orten, Tieren oder Menschen haben, also ein der Realität der Situation unangemessenes Maß an Angst oder Furcht zeigen. Wieder andere zeigen zwanghafte Symptome oder sind impulsiv. Die Persönlichkeitseigenschaften, die Neurotizismus bilden, sind in Abbildung 2 aufgelistet. Eysenck benennt als Untergruppe der Neurotiker weiterhin die Psychopathen, welche sich laut Eysenck antisozial verhalten, niemals Reue zeigen, so als hätten sie kein Gewissen und frei von Angst und Furcht sind[9].

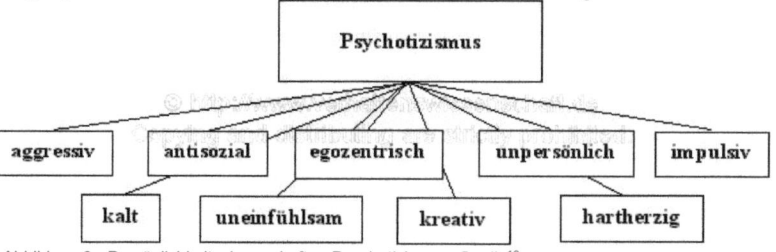

Abbildung 3 - Persönlichkeitseigenschaften Psychotizismus, Quelle[10]:
http://www.verhaltenswissenschaft.de/Psychologie/Personlichkeit/Gesamtsysteme/gesamtsysteme.htm

---

[6] Vgl. ebd., Maltby/Day/Macaskill 2011, S. 312, S. 316f.
[7] Vgl. Pervin/Cervone/John 2005, Bd. 8035, S. 232
[8] Vgl. © 2004-2011 Dr. Oliver Walter, Diplom-Psychologe, Kiel o. J.
[9] Vgl. Maltby/Day/Macaskill 2011, S. 313, S. 314

Die Abgrenzung der Untergruppe der Psychopaten und Psychotiker (Personen mit schweren psychischen Störungen) von den Neurotikern, bringt Eysenck schließlich auf den dritten Persönlichkeitstyp *Psychotizismus*. Zur Unterscheidung zwischen Neurotiker und Psychotiker ist die schwere der Störung entscheidend. Psychotiker zeigen Feindseligkeit und unmenschliches Verhalten, mit starkem Bedürfnis andere Personen lächerlich zu machen, auf[11] und neigen dazu einsam, empfindungslos und sorglos zu sein[12]. Psychotiker sind jedoch laut Eysenck hochgradig kreative Menschen und viele Persönlichkeitseigenschaften von Psychotizismus seien hilfreich um gewisse berufliche Ziele zu erreichen. Hartherzigkeit verhilft der Person eigene Ziele hartnäckig und ohne Rücksicht auf andere durchzuziehen, und Uneinfühlsamkeit bewirkt, dass Emotionen und Probleme das eigene Verhalten nicht beeinträchtigen[13].

Eysenck ist streng, was die Kriterien bezüglich der wissenschaftlichen Forschung betrifft[14] und obwohl er auf vielfältige Art und Weise versucht methodisch einwandfreie und zahlreiche Belege (biologische Grundlagen, Faktoranalyse, Laborexperimente, Feldstudien und Fragebögen) für die Genauigkeit seiner Ergebnisse und seine Theorie zu finden, ist sein Ansatz bis heute noch stark umstritten. Gründe dafür sind, dass er keine Langzeitstudien durchführt und sich zu sehr auf die Fragebögen stützt, ohne die Fragebogenproblematik (z.B. momentane Stimmungslage) zu berücksichtigen. Daher wird kritisch in Frage gestellt, ob die erfassten Eigenschaften wirklich konstant sind und ob die Individualität eines Menschen mit drei Dimensionen überhaupt erfassbar ist[15]. Trotz allem kommen die Persönlichkeitsdimensionen Extraversion und Neurotizismus heute noch in Fragebögen vor. Psychotizismus hingegen gerät immer wieder in den Fokus harscher Kritik[16].

---

[10] Vgl. © 2004-2011 Dr. Oliver Walter, Diplom-Psychologe, Kiel o. J.
[11] Vgl. Maltby/Day/Macaskill 2011, S. 314, S. 315
[12] Vgl. Pervin/Cervone/John 2005, Bd. 8035, S. 232
[13] Vgl. Maltby/Day/Macaskill 2011, S. 314, S. 315
[14] Vgl. Pervin/Cervone/John 2005, Bd. 8035, S. 231
[15] Vgl. Stefanie Müller 1999
[16] Vgl. © 2016 Lecturio GmbH 2016

Carl Gustav Jung entwickelt aus zwei Grundhaltungen (Extraversion und Introversion) und vier Funktionen (Empfinden, Denken, Fühlen und Intuition) 8 Persönlichkeitstypen. Der extravertiert *empfindende* Typ ist umgänglich, unbesonnen und genießt das Leben, der introvertiert empfindende Typ ist eher empfindlich, ruhig und passiv. Der extravertiert *denkende* Typ ist objektiv, faktenorientiert und emotionslos, der Introvertierte dagegen lebt privat und ist unnahbar. Der extravertiert *fühlende* Typ ist konventionell, beeinflussbar und umgänglich, der introvertiert Fühlende ist nachdenklich, geheimnisvoll und fühlt intensiv. Der extravertiert *intuitive* Typ ist kreativ und folgt eigenen Ahnungen, der Introvertierte ist ein Träumer, hat ungewöhnliche Ideen und kommuniziert schlecht.

Der Persönlichkeitstest der Myers-Briggs Type Indicator (MBTI) wurde speziell für die Messung jungianischer Persönlichkeitstypen entwickelt[17]. Der MBTI wird seit mehreren Jahren in der Personalarbeit in Unternehmen und Behörden eingesetzt. Ihm kann entnommen werden, wie Menschen bevorzugt kommunizieren, zusammenarbeiten und Informationen verarbeiten[18] und welche Berufswünsche sie haben[19]. Zu dem MBTI bieten Trainer und Berater zur Personal/Führungskräfteausbildung und -Entwicklung eine Vielzahl unterschiedlicher Persönlichkeitstypologien an, welche Hilfestellungen zur Ermittlung und Entwicklung außerfachlicher Kompetenzen von Einzelpersonen oder Arbeitsteams sind. Durch gezielte Training- und Coaching-Maßnahmen können persönliche Stärken gefördert, Schwächen überwunden und die Kommunikation optimiert werden. Ziel ist es, durch den typengerechten Umgang mit Mitarbeitern und Kunden die anvisierten Unternehmensziele besser zu erreichen[20]. Persönlichkeitstests werden weiterhin in der Weiterbildungspraxis als Lerninstrumente zur Reflexion und zum ,Sich-selbst-kennen-lernen' eingesetzt. Trotz allem wird immer wieder Kritik am MBTI und ähnlichen Tests, aufgrund der fehlenden empirischen Überprüfbarkeit und der geringen Reliabilität (Verlässlichkeit) sowie Validität (Gültigkeit) der Tests, ausgeübt[21].

---

[17] Vgl. Maltby/Day/Macaskill 2011, S. 130, S. 131
[18] Vgl. Gabriele zu Hohenlohe o. J.
[19] Vgl. Maltby/Day/Macaskill 2011, S. 131
[20] Vgl. M. Klimmer/M. Neef 2015
[21] Vgl. Henriette Lundgren o. J., S. 06-2, S. 06-4

2. Textteil zu Aufgabe B2 – Was ist Intelligenz

Bis heute gibt es keine allgemein anerkannte Definition für Intelligenz, jedoch sagt man, dass Intelligenz eine Fähigkeit ist, also eine Bedingung oder ein Bedingungskomplex bestimmter Leistungen. Nur was diese Intelligenzleistungen sind, ist unklar. Die Definition von E. Claparède und W. Stern, dass Intelligenz die Fähigkeit sei Schwierigkeiten in neuen Situationen zu überwinden (also zu denken), wird als am weitesten verbreitet bezeichnet. Da sich aber auch Tiere neuen Situationen anpassen können, kann das Denken nicht das einzige Kriterium für diese Intelligenzleistungen sein. Intelligenz wird als ein Teil beziehungsweise Aspekt der Persönlichkeit betrachtet[22].

Eine alternative oder implizite Theorie der Intelligenz von Laien (Laie= Person ohne Fachkenntnisse auf einem bestimmten Gebiet), wie die ‚praktische Intelligenz'-Theorie von J. Sternberg (Experte im Bereich der Intelligenzforschung) und dessen Kollegen, untersucht in mehreren Studien, an verschiedenen Orten (Bibliothek, Bahnsteig) und an unterschiedlich vielen Menschen, welche Intelligenzvorstellungen ihre Versuchspersonen haben und welche Verhaltensweisen sie charakteristisch für Intelligenz, akademische Intelligenz, Alltagsintelligenz und Dummheit auflisten. In der zweiten Studie wurden andere Leute gebeten, die Ergebnisse der ersten Studie danach zu beurteilen, wie zutreffend sie zur Beschreibungen von Intelligenz sind. Durch die Auswertung dieser Befunde ergeben sich drei Intelligenzdimensionen: *das praktische Problemlösen, die verbale Fähigkeit* und *die soziale Kompetenz*. Als Sternberg weitere Untersuchungen zu seiner Theorie, in welchen die Versuchspersonen typische Verhaltensweisen für im höchsten Maße intelligente Personen auflisten sollen, macht, kommt er zwar auf ähnliche Ergebnisse, jedoch findet er dieses Mal sechs Aspekte der Intelligenz: *die praktische Problemlösefähigkeit* (Person kann mögliche Ziele erkennen und erreichen und kann gut zwischen richtigen und falschen Antworten unterscheiden), *die verbale Fähigkeit* (Person kann sich über fast jedes Thema[23]

---

[22] Vgl. Arnold 1997, S. 997, S. 999; Rost 2013, S. 5
[23] Vgl. Maltby/Day/Macaskill 2011, S. 477, S. 478, S. 479, S. 509, S. 510, S. 520, S. 521

unterhalten und verfügt über einen reichhaltigen Wortschatz), *die intellektuelle Ausgeglichenheit und Integration* (Person kann Gemeinsamkeiten und Unterschiede erkennen und kann Dinge verbinden und trennen), *die Zielorientiertheit und Verwirklichung eigener Ziele* (Person neigt dazu, Informationen für bestimmte Zwecke zu sammeln und zu verwenden und ist zu hohen Leistungen fähig), *die kontextuelle Intelligenz* (Person gewinnt Informationen aus vorangegangenen Fehlern oder Erfolgen und lernt daraus und verfügt über die Fähigkeit, seine Umwelt zu verstehen und zu deuten) und *das flüssige Denken* (Person denkt schnell und hat guten Zugang zu mathematischen Dingen).

Weiterhin gibt es noch drei multifaktorielle Theorien, welche versuchen die Intelligenz mittels der Anwendung faktoranalytischer Verfahren zu verstehen. Alle drei Theorien von den Forschern Louis L. Thurstone, Raymond B. Cattell und J. P. Guilford kommen jedoch zu unterschiedlichen Schlussfolgerungen. Im folgenden Absatz werde ich die zwei traditionellen Theorien von Thurstone und Guilford erläutern. Thurstones Theorie ist der erste echte multifaktorielle Ansatz in der Intelligenzforschung. Er untersucht die Beziehungen zwischen unterschiedlichen Arten von Intelligenz und sucht dabei nach Mustern und Strukturen. Thurstone geht ebenso wie Spearman von der Existenz eines General- oder ‚g'-Faktors der Intelligenz (oder generellen/allgemeinen Intelligenz ‚g') aus. Spearman hat die Idee mit dem Generalfaktor der Intelligenz, der die Grundlage der Leistung in allen Arten von Intelligenztests darstellt und entwickelt die Zwei-Faktoren-Theorie. Thurstone ist jedoch der Meinung, dass der g-Faktor nicht die Ursache, sondern die Folge von sieben primären mentalen Fähigkeiten ist. Diese sieben verschiedenen Intelligenzquotienten bilden die Grundlagen seiner Theorie: *das assoziative Gedächtnis* (Fähigkeit zum Lernen von Routine oder Wiederholung), *die Rechenfähigkeit* (Fähigkeit zu korrekten Ausführung mathematischer Operationen), *die Wahrnehmungs-/Auffassungsgeschwindigkeit* (Fähigkeit zur Wahrnehmung von Details, Anomalien und Ähnlichkeiten in visuellen Reizen), *das schlussfolgernde Denken* (Fähigkeit zu induktiven und deduktiven Schlüssen), *das räumliche Vorstellungsvermögen* (Fähigkeit zu räumlich-visuellen Vorstellungen, zur räumlichen Orientierung und zum[24]

---

[24] Vgl. ebd., Maltby/Day/Macaskill 2011, S. 477, S. 478, S. 479, S. 509, S. 510, S. 520, S. 521f.

Erkennen von Objekten aus unterschiedlichen Perspektiven), *die Sprachbeherrschung* (Fähigkeit zum Lesen, Textverständnis und zum Verständnis verbaler Analogien) und *die Wortflüssigkeit* (Fähigkeit zum Verständnis von verbalen Beziehungen). Einige Ideen Thurstones werden heute noch in deutschen Intelligenztests, wie z.B. im Intelligenzstrukturtest (I-S-T 2000 R) verwendet.

Guilford hingegen geht nicht von einem Generalfaktor der Intelligenz aus, sondern kritisiert den Standpunkt von Spearman und teils auch den von Thurstone und Cattell. Er geht davon aus, dass die Intelligenz aus 150 unterschiedlichen spezifischen Fähigkeiten zusammengesetzt ist, weshalb seine Theorie auch als Intelligenzstrukturmodell bezeichnet wird. Guilford teilt die grundlegenden intellektuellen Fähigkeiten in drei Kategorien ein: Vorgänge (oder Operationen), Inhalte und Produkte. Die 150 unterschiedlichen Fähigkeiten sind die Kombination der drei grundlegenden Fähigkeiten[25]. Nach der Theorie von Guilford kann die Intelligenz in einen Quader mit 150 Zellen (5 Vorgänge x 5 Inhalte x 6 Produkte) veranschaulicht werden, was wiederum das gesamte intellektuelle Potenzial des Menschen beschreiben soll[26].

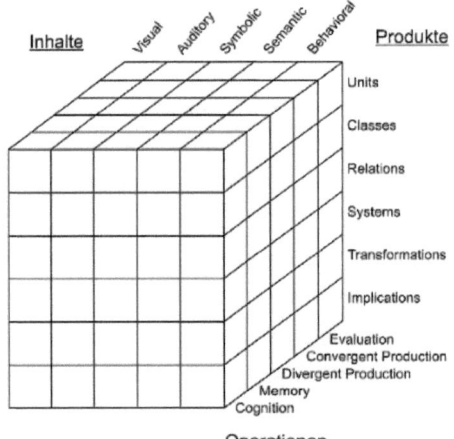

SOI-Modell der Intelligenz von Guilford (nach Guilford, 1985, S. 230; modifiziert)

Abbildung 4 - SOI-Modell der Intelligenz von Guilford, Quelle: Rost 2013[27]

---

[25] Vgl. ebd., Maltby/Day/Macaskill 2011, S. 477, S. 478, S. 479, S. 509, S. 510, S. 520, S. 521ff.
[26] Vgl. Rost 2013, S. 59
[27] Vgl. ebd., Rost 2013, S. 59

Die Vorgänge sind Arten mentaler Verarbeitung, die sich auf die Handlung beziehen können und bestehen laut Guilford aus fünf Arten: *die Evaluation* (Fähigkeit zu sorgsamen Untersuchen, Beurteilen und Einschätzen), *die konvergente Produktion* (Fähigkeit logisches und schlussfolgerndes Zusammenführen von Informationen zu einem bestimmten Thema), *die divergente Produktion* (Fähigkeit der Kreativität und zum Hervorbringen von (neuen) Ideen, die auf einem bestimmten gemeinsamen Ausgangspunkt basieren), *das Gedächtnis* (Fähigkeit Erfahrungen und allgemeine Informationen abzuspeichern und daran zu erinnern) und *die Kognition* (Bewusstheit, Wahrnehmung, Wiederentdeckung oder Wiedererkennung von Informationen). Die Inhalte sind das mentale Material, auf dem die Vorgänge ausgeführt werden und bestehen aus weiteren fünf Arten, in denen das Material in unterschiedlicher Form vorliegt: *Figural* (visuelle Form), *Auditorisch* (akustische Form), *Symbolisch* (Form von symbolhaften Repräsentationen), *Semantisch* (Form von sinnhaften Konstrukten und sprachlichen Konzepten) und *Verhaltensmäßig* (Form mit Bezug zum Verhalten). Die Produkte sind die Form, in der die Information gespeichert und verarbeitet wird und wird zur Bildung von Assoziationen oder Herstellung von Verbindungen genutzt. Es gibt sechs Arten von Produkten: *Einheiten* (Fähigkeit einheitliche Informationen in Bezug auf etwas zu verwenden), *Klassen* (Fähigkeit Informationen in Bezug auf einen Satz, eine Anhäufung/Gruppe oder eine Anordnung von Dingen mit gemeinsamen Merkmalen zu verwenden), *Beziehungen* (Fähigkeit Informationen in Bezug auf die Wahrnehmung einer natürlichen oder logischen Assoziation zwischen zwei Dingen zu verwenden), *Systeme* (Fähigkeit Informationen in Bezug auf eine Gruppe von interagierenden, wechselwirkenden oder voneinander abhängigen Elementen, die ein komplexes Ganzes formen, zu verwenden), *Transformation* (Fähigkeit Veränderungen in Natur, Funktion oder Zustand einer Information zu verstehen) und *Implikationen* (Fähigkeit eine Vielfalt an Informationen zu verwenden und logische Operationen darauf anzuwenden oder Vorschläge in Bezug auf diese Information und deren Bedeutung/Bedeutsamkeit zu verstehen)[28].

---

[28] Vgl. Maltby/Day/Macaskill 2011, S. 523, S. 524

Intelligenztests oder Intelligenzmessungen sind Prüfverfahren um interindividuelle Differenzen im Bereich der menschlichen Intelligenz zu bestimmen. Es wird eine Testperson mit unterschiedlich schweren Aufgaben auf die Anzahl der richtigen Lösungen, also eine quantitative Bestimmung seines intellektuellen Leistungsniveaus, in Bezug auf andere gleichaltrige Personen, getestet. Das Ergebnis wird im Intelligenzquotient (IQ) als Maßstab der Intelligenz ausgedrückt[29], es wird also das Verhältnis von Intelligenzalter zu Lebensalter berechnet[30]. Der zunehmende Einsatz von Intelligenztests in der universitären Forschung, im Militär, in der betrieblichen und pädagogisch-psychologischen Praxis, verdeutlicht die große Erwartungshaltung in der heutigen Zeit an die Aussagekraft dieser Tests. Die allgemeine Intelligenz ‚g', meistens durch den Intelligenzquotient ‚IQ' ausgedrückt, gehört seit Jahrzehnten zu den am besten messbaren psychologischen Konzepten und ist schon im Grundschulalter ausreichend stabil. Daher werden bereits in der Grundschule Intelligenztests zu ‚g' eingesetzt, um vernünftige Vorhersagen für die weiterführende Schule, Hochschule, Beruf und Leben ermöglichen zu können. Intelligenz trägt in der modernen Gesellschaft zum Erfolg in Kindergarten, Schule und Universität, Bewährung in der Ausbildung, berufliches Weiterkommen, Berufszufriedenheit, Führungsfähigkeit, Gesundheit etc. bei. Zusammenfassend ist zu sagen, dass ‚g' bzw. IQ alleine eine gute Prognose in unterschiedlichsten Bereichen des Alltagslebens gestattet[31].

Andererseits gibt es auch Bereiche in denen solch ein IQ Test eher unerwünscht ist. Der IQ Test kann nur erfolgreich von Menschen absolviert werden, die voll im modernen Arbeits- und Lernsystem integriert sind. Freigeister die über die wirtschaftlichen Erfolge der Gesellschaft hinwegblicken, die sich auch in den üblichen Schulen nicht wohl fühlen, können zwar hochbegabt sein, dennoch nur durchschnittliche oder unterdurchschnittliche IQ Test Ergebnisse erreichen. Es ist auch nicht für jedes Berufsziel ideal, einen hohen IQ aufweisen zu können, da Menschen mit sehr hohem IQ häufig nicht für Führungspositionen geeignet sind. Ihnen fehlt teilweise das Einfühlungsvermögen, der Teamgeist, die soziale Ader[32]

---

[29] Vgl. Arnold 1997, S. 1004, S. 1005
[30] Vgl. Peters 1997, S. 261
[31] Vgl. Rost 2013, S. 309, S. 310
[32] Vgl. Zentrum der Gesundheit 2016, S. 3, S. 4

und oft die Fähigkeit zur Selbstreflexion[33]. Allgemein sollen Intelligenztests bei der Personalauswahl zeigen, welcher Bewerber maximal leisten kann, also die Fähigkeit besitzt zu abstrahieren, Wissen anzuwenden und Probleme zu lösen. Der Unternehmensberater Tobias C. Haupt begründet dies mit der Aussage, dass man sich zwar blöder stellen, aber nicht intelligenter machen kann. Die Eligo GmbH in Berlin, die psychologische Personalsoftware entwirft, ist der Meinung, dass die Auswertung von IQ Tests eindeutig und objektiv ist und dass es sinnvoll ist bei Jobs mit hoher Leistungsfähigkeit einen geeigneten IQ Test einzusetzen. Dass Intelligenztests nicht unfehlbar sind und auch andere Verfahren bei der Bewerberauswahl eingeleitet werden sollen, wissen auch die Arbeitgeber. Beispielsweise sollen auch Motivations- und Persönlichkeitstest von den potentiellen Bewerbern durchgeführt und andere Punkte, wie z.B. Teamfähigkeit und andere Softskills, berücksichtigt werden. Auch Ferrero setzt auf eine Kombination aus Intelligenztest und anderen Verfahren, da eine gute Führungskraft mehr als nur pure Intelligenz ausmacht. Der Chemiekonzern BASF hingegen verzichtet sogar ganz auf Intelligenztests, da er gute Erfahrung mit Einzelinterviews gemacht hat[34].

Letztendlich greifen beim Rekrutierungsverfahren 30 % aller Unternehmen in Deutschland auf einen IQ Test zurück. Wie bereits mehrfach betont, sollte der IQ Test jedoch nicht alleiniger Faktor zur Auswahl eines Bewerbers sein. Ein hohes Ergebnis bei einem IQ-Test steht nicht gleich für beruflichen Erfolg. Es zeigt zwar, dass es die Veranlagung gibt, jedoch nicht, ob die Intelligenz entsprechend umgesetzt und eingesetzt wird. Schließlich benötigen die Firmen keine Maschinen, sondern Menschen, die klug sind sowie Verstand, Intuition, kreatives Denken, schöpferische Elemente, soziale Kompetenz, kritisches Denken, Empathie und Mitgefühl in sich vereint haben. All dies ist nun Mal nur sehr bedingt mit einem IQ Test messbar[35].

---

[33] Vgl. ebd., Zentrum der Gesundheit 2016, S. 3, S. 4f.
[34] Vgl. Christian Schultz 2009
[35] Vgl. Zentrum der Gesundheit 2016, S. 4

3. Textteil zu Aufgabe B3 – Was ist Selbstwirksamkeit

Bandura zeigt, dass das Erreichen von Zielen in hohem Maße von selbstregulatorischen Prozessen, wie z.b. Selbstkritik, Selbstlob und Selbstüberzeugung, abhängt, wobei jedoch die Selbstwirksamkeitserwartung am machtvollsten ist. Selbstwirksamkeitserwartung ist ein Bandura Konzept des sozialen Lernens und wird als die Überzeugung eines Individuums bezeichnet, aufgrund eigener Fähigkeiten und durch ein gezieltes Verhalten zu ein bestimmten positiven Ergebnis gelangen zu können. Diese Überzeugung bestimmt die Motivation, die Beharrlichkeit und die Erfolgswahrscheinlichkeit zur Lösung einer Aufgabe. Die Selbstwirksamkeitserwartung beeinflusst nicht nur, ob eine Aufgabe überhaupt begonnen wird, sondern auch wie viel Bemühungen investiert werden und wie hartnäckig angesichts ausbleibenden Fortschritten geblieben wird. Sie hängt mit dem Vertrauen in die eigenen Fähigkeiten ‚Erfolg zu haben' zusammen und macht uns resistent und hilft uns bei der Überwindung von Hürden im Leben[36].

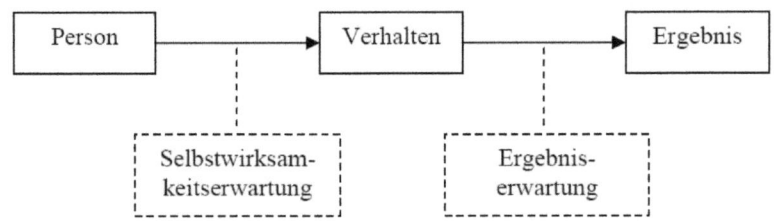

Abbildung 5[37] - Unterscheidung Selbstwirksamkeitserwartung und Ergebniserwartung, Quelle: http://www.diss.fu-berlin.de/diss/receive/FUDISS_thesis_000000013845

Die Selbstwirksamkeitserwartung ist von der Ergebniserwartung zu unterscheiden. Die Selbstwirksamkeitserwartung ist nur die Kompetenz-überzeugung und steht für die Gewissheit einer Person, eine spezielle Handlung ausführen zu können und die Ergebniserwartung ist die Konsequenzerwartung und meint die Erwartung, dass diese spezielle Handlung auch wirklich zu einem[38]

---

[36] Vgl. Maltby/Day/Macaskill 2011, S. 167, S. 168, S. 871
[37] Vgl. Bettina Röder 2009, S. 14
[38] Vgl. R. Schwarzer/M. Jerusalem o. J., S. 13, S. 14

bestimmten, erwünschten Ergebnis führt. Diese Erwartungen werden deshalb unterschieden, weil sich ein Student beispielsweise zwar sicher sein kann den prüfungsrelevanten Stoff lernen zu können (hohe Selbstwirksamkeitserwartung), jedoch glaubt, dass das Prüfungsergebnis nicht sonderlich gut ausfallen wird, da er befürchtet, dass die ihm zur Verfügung stehende Zeit bei der Prüfung nicht ausreichen wird (niedrige Ergebniserwartung)[39].

Die Selbstwirksamkeitserwartung hat im Bereich des Gesundheitswesens starke Forschungsbemühungen hervorgerufen, was dazu führt, dass diese positiv mit einigen gesundheitsbezogenen Verhaltensweisen, wie z.B. mit dem Aufgeben von Rauchen, dem Praktizieren von geschütztem Sex, dem Umstellen der Ernährung und dem Beginn von Sport, assoziiert ist. Mit einer Studie konnte sogar gezeigt werden, dass ein signifikanter Faktor für den Rückfall nach einer Raucherentwöhnung eine niedrige Selbstwirksamkeitserwartung ist[40].

Die Entstehungsgründe bzw. Beeinflussungsgründe für Selbstwirksamkeits- erwartungen teilt Bandura in vier verschiedene Quellen ein: Handlungsergebnisse in Gestalt eigener Erfolge und Misserfolge, stellvertretende Erfahrungen durch Beobachtung von Verhaltensmodelle, sprachliche Überzeugungen (z.B. Fremdbewertung oder Selbstinstruktion) und Wahrnehmungen eigener Gefühlserregung.

Erfolgserfahrungen sind das stärkste Mittel um Selbstwirksamkeitserwartungen aufzubauen oder auch zu stärken, wenn der Lernende diese Erfolge den eigenen Anstrengungen und Fähigkeiten zuschreiben kann. Es fördert die Motivation, wenn sich Anstrengungen auszahlen und die eigene Qualifikation zunimmt. Misserfolge mindern zwar die Selbstwirksamkeit, aber wenn einmal starke Selbstwirksamkeitsüberzeugung entstanden ist, können einzelne Misserfolge kaum noch die Selbstwirksamkeit schädigen.

Die *Beobachtung und Nachahmung von Modellen* hilft, wenn die eigenen Erfahrungen aufgrund fehlender Gelegenheiten ausgeblieben sind. Modelle[41]

---

[39] Vgl. Bettina Röder 2009, R. Schwarzer/M. Jerusalem o. J., S. 13, S. 14
[40] Vgl. Maltby/Day/Macaskill 2011, S. 168, S. 871
[41] Vgl. R. Schwarzer/M. Jerusalem o. J., S. 42, S. 43, S. 44, S. 45

erzielen eine gute Wirkung, wenn sie Ähnlichkeiten mit dem Lernenden z.B. im Alter oder Geschlecht aufweisen, aber auch Eltern, Professoren und Schauspieler können eine Modellwirkung ausüben, auch wenn der soziale Vergleich erschwert wird. Am besten sind die ‚sich selbst enthüllenden Bewältigungsmodelle', da die Kommunikation über den Umgang und die selbstständige Überwindung des Problems zwischen dem Lernenden und dem Modell stattfindet. Der Lernende der beispielsweise versucht mit dem Rauchen aufzuhören, profitiert von dem Modell, das ebenfalls versucht aufzuhören, jedoch schon eine Woche länger ohne Zigaretten ausgekommen ist. Genau so ist die Lehreffektivität von individueller Nachhilfe begründet: ein Student der von einem Mitstudent im Lösen einer Aufgabe, mit deren Lösung er selbst kämpfen musste, unterrichtet wird, verspricht einen höheren Erfolg für den Lernenden, da der Mitstudent glaubwürdiger erscheint und sich besser in die Lage des lernenden Studenten hineinversetzen kann.

Bei der dritten Quelle der *Überredung*, sagt einem am besten jemand mit Autorität (ein guter Freund oder ein Dozent) ‚du kannst das' oder ‚in dir schlummert ein reiches Potenzial, was nur entdeckt und entwickelt werden muss'. Optimaler Weise entsteht oder steigt dadurch die Selbstwirksamkeitsüberzeugung, jedoch kann sie nach erfolglosen Anstrengungen auch schnell wieder sinken.

Die letzte und schwächste Quelle zur Beeinflussung von Selbstwirksamkeit ist die *gefühlsmäßige Erregung*. Durch hohe Erregung, wie z.B. ängstliche Aufgeregtheit, kann eine erfolgreiche Problembewältigung nur in geringem Maße erwartet werden. Zur Minderung solcher Erregungen sollten Fertigkeiten erworben werden, mit denen schwierige Situationen kognitiv unter Kontrolle gebracht werden können. Die entsprechende Selbstwirksamkeitsüberzeugung bzw. das Vertrauen in sich selbst schwierige Aufgaben lösen zu können, mindert die Erwartung und entsprechend das Eintreten der Erregung bei der Problembearbeitung[42].

Im folgenden Absatz wird anhand zweier Beispiele von Maltby, Day und Macaskill die Bedeutung der Selbstwirksamkeitserwartung bei Studenten in[43]

---

[42] Vgl. ebd., R. Schwarzer/M. Jerusalem o. J., S. 42, S. 43, S. 44, S. 45f.
[43] Vgl. Maltby/Day/Macaskill 2011, S. 168, S. 169

Prüfungssituationen erläutern. Es wird jedoch nicht das Beispiel der Angst vor einer Präsentation, sondern die Angst vor der Bachelor-Thesis darlegen. Die zwei Studentinnen Laura und Lisa sind im letzten Semester ihres Studiums angelangt und müssen nun ihre Bachelor-Thesis schreiben.

Laura freut sich auf das Recherchieren und Schreiben ihrer Bachelor-Thesis. Da sie nun im Endspurt angekommen ist und noch einmal alles geben möchte, möchte sie auch eine besonders gute Note in ihrer Bachelor-Thesis. Aus Erfahrung weiß sie, dass sie zunächst Angst vor der Herausforderung haben wird, es nicht schaffen zu können, jedoch im Laufe ihrer Arbeit Spaß und Freude darin finden wird. Sie interessiert sich für ihr Thema und ist auch schon zu Beginn gut darüber informiert. Sie hat schon früher gute Noten auf Hausarbeiten bekommen, so lang sie sich genug Zeit zur Ausarbeitung genommen hat. Deshalb hat sie auch dieses Mal Vertrauen in sich, da sie aus den vergangenen Erfolgen weiß, dass wenn sie sich effizient organisiert, eine gute Note bekommen wird. Ihre Selbstwirksamkeitserwartung in Bezug auf ihre Bachelor-Thesis ist entsprechend hoch. Sie fühlt sich sicher und ihre positiven Erfahrungen aus der Vergangenheit verstärken dies. Ihre Motivation und Selbstwirksamkeitserwartung sprechen dafür, dass sie sich genug Zeit dafür nehmen wird. Ihre Chancen eine gute Bachelor-Thesis zu verfassen sind dementsprechend hoch.

Lisa hingegen hat große Angst vor der Bachelor-Thesis. Sie hasst es Hausarbeiten zu schreiben und hat auch kein Vertrauen in ihre Fähigkeiten, was dies betrifft. Sie weiß zwar, dass sie es tun muss, um ihr Studium abschließen zu können, ihre Selbstwirksamkeitserwartungen sind jedoch in Bezug auf die Bachelor-Thesis niedrig. In Folge darauf, bekommt sie schon vor Beginn der Abschlussarbeit Panik, wenn sie nur an diese denkt. Sie versucht nicht über die Thesis nachzudenken und versucht Besuche bei der Bibliothek, die sie an das Schreiben der Bachelor-Thesis erinnern könnten, zu vermeiden.

Sie verhält sich wie im ‚Vogel Strauß'-Beispiel (sie steckt den Kopf in den Sand), was zur Folge hat, dass ihre Erfolgschancen reduziert werden. Ihre von vornerein niedrige Selbstwirksamkeitserwartung hat dazu geführt, dass sie unmotiviert an[44]

---

[44] Vgl. ebd., Maltby/Day/Macaskill 2011, S. 168, S. 169f.

die Aufgabe herangeht. Studien haben gezeigt, dass die Selbstwirksamkeits-erwartung eine wichtige Variable bei der Vorhersage des Bildungserfolgs ist, zudem konnte auch Bandura zeigen, dass eine hohe Selbstwirksamkeits-erwartung die Erfolgschancen stark verbessert. Es gibt jedoch auch Hoffnung für diejenigen, die eine niedrige Selbstwirksamkeitserwartung haben, diese zu verbessern. Lisa zum Beispiel hat gleich drei Chancen ihre Selbstwirksamkeitserwartung zu steigern.

Die erste und einfachste Option ist die Überredung, also dass sie jemand mit weniger Angst vor der Bachelor-Thesis, z.B. Laura, dazu ermutigt, dass zu tun, was sie fürchtet. In diesem Fall die Abschlussarbeit anzugehen und dabei zusätzlich Unterstützung von Laura erhält.

Die zweite Option ist die stellvertretende Erfahrung oder Beobachtung von Modellen, indem Lisa von einem anderen Studenten, der die gleichen Ängste wie sie vor der Bachelor-Thesis hat, erfährt, dass er eine gute Note erzielt hat. Lisa könnte dann denken ‚wenn er es schaffen kann, packe ich das auch' und ihre Selbstwirksamkeitserwartung kann sich direkt verändern. Auch eine gemeinsame Diskussion mit diesem Studenten über die optimale Ausarbeitung, kann in Bezug auf die Steigerung der Selbstwirksamkeitserwartung sehr hilfreich sein.

Die letzte Option ist die teilnehmende Modellierung oder Nachahmung von Modellen. Hierbei wird Lisa einen anderen Studenten, der seine Bachelor-Thesis erfolgreich ausführt, nachahmen, jedoch ohne dass Lisa die Aufgabe wirklich angeht. Dieses ‚trockene' Imitationsverhalten senkt die Angst vor der Aufgabe. So kann auch Lisa ihre zuvor niedrigen Selbstwirksamkeitserwartungen verbessern und letztendlich eine erfolgreiche Bachelor-Thesis schreiben[45].

---

[45] Vgl. ebd., Maltby/Day/Macaskill 2011, S. 168, S. 169ff.

Literaturverzeichnis

© 2004-2011 Dr. Oliver Walter, Diplom-Psychologe, Kiel, Eysencks PEN-Modell. Ein hierarchiches Persönlichkeitsmodell, o. J., http://www.verhaltenswissenschaft.de/Psychologie/Personlichkeit/Gesamtsysteme/gesamtsysteme.htm (abgerufen am 9. Oktober 2016).

© 2016 Lecturio GmbH, Medizinische Psychologie und Soziologie: Persönlichkeitspsychologie, Leipzig, 1. September 2016, https://www.lecturio.de/magazin/persoenlichkeitspsychologie/ (abgerufen am 12. Oktober 2016).

Arnold, Wilhelm (Hg.), *Lexikon der Psychologie*, Augsburg 1997.

Bettina Röder, *Selbstwirksamkeitsförderung durch Motivierung von Schülern*, Dissertation Freie Universität Berlin 2009, http://www.diss.fu-berlin.de/diss/receive/FUDISS_thesis_000000013845 (abgerufen am 14. Oktober 2016).

Christian Schultz, Intelligenztests – Gefürchtet, aber überbewertet, 2. November 2009, https://www.welt.de/gesundheit/psychologie/article5056495/Intelligenztests-Gefuerchtet-aber-ueberbewertet.html (abgerufen am 24. Oktober 2016).

Gabriele zu Hohenlohe, Myers-Briggs Typenindikator (MBTI®), Pirna, o. J., http://www.gzhohenlohe.de/mbti.html (abgerufen am 12. Oktober 2016).

Henriette Lundgren, Apsekte betrieblicher Weiterbildung (PDF-Download). Persönlichkeitstests und deren Anwendung in der betrieblichen Weiterbildung, ISSN 1993-6818, o. J., http://erwachsenenbildung.at/magazin/12-17/meb12-17_06_lundgren.pdf (abgerufen am 24. Oktober 2016).

M. Klimmer und M. Neef, Einsatz von Persönlichkeitstypologien in der deutschen Wirtschaft. Zukunft: Persönlichkeit, 3/2015, http://www.wirtschaftspsychologie-aktuell.de/Material_3_2005/wp_03_2005_31.pdf (abgerufen am 12. Oktober 2016).

Maltby, John, Liza Day und Ann Macaskill, *Differentielle Psychologie, Persönlichkeit und Intelligenz*, unter Mitw. von Denis Köhler, 2. Aufl., München 2011 (*Always learning*).

Pervin, Lawrence A., Daniel Cervone und Oliver P. John, *Persönlichkeitstheorien. Mit 33 Tabellen*, 5. Aufl., München/Basel 2005 (*UTB für Wissenschaft* 8035).

Peters, Uwe Henrik, *Wörterbuch Der Psychiatrie Und Medizinischen Psychologie. Mit Einem Englischen Und Französischen Glossar ; Anhang: Nomenklatur Des DSM*, Augsburg 1997.

R. Schwarzer und M. Jerusalem, *Das Konzept der Selbstwirksamkeit. Jerusalem, Matthias [Hrsg.]; Hopf, Diether [Hrsg.]: Selbstwirksamkeit und Motivationsprozesse in Bildungsinstitutionen. Weinheim : Beltz 2002, S. 28-53. - (Zeitschrift für Pädagogik, Beiheft; 44)* © 2002 Beltz Verlag · Weinheim und Basel o. J., http://www.pedocs.de/frontdoor.php?source_opus=3930 (abgerufen am 12. Oktober 2016).

Rost, Detlef H., *Handbuch Intelligenz*, Weinheim 2013 (*Psychologie 2013*), http://www.content-select.com/index.php?id=bib_view&ean=9783621280884.

Stefanie Müller, Hans-Jürgen Eysenck - Eine biologische Persönlichkeitstheorie, Archivnummer V98770, München, 1999, http://www.grin.com/de/e-book/98770/hans-juergen-eysenck-eine-biopsychologische-persoenlichkeitstheorie (abgerufen am 12. Oktober 2016).

Zentrum der Gesundheit, IQ Test - Wie sinnvoll ist er ? (PDF-Download), 11. August 2016, https://www.zentrum-der-gesundheit.de/wie-sinnvoll-ist-der-iq-test-ia.html (abgerufen am 24. Oktober 2016).

BEI GRIN MACHT SICH IHR
WISSEN BEZAHLT

- Wir veröffentlichen Ihre Hausarbeit,
  Bachelor- und Masterarbeit

- Ihr eigenes eBook und Buch -
  weltweit in allen wichtigen Shops

- Verdienen Sie an jedem Verkauf

Jetzt bei www.GRIN.com hochladen
und kostenlos publizieren